COCKTAIL RECEPTENBOEK

100 snelle en gemakkelijke cocktailrecepten

Zakaria Hermans

© COPYRIGHT 2024 ALLE RECHTEN VOORBEHOUDEN

Dit document is gericht op het verstrekken van exacte en betrouwbare informatie over het behandelde onderwerp en de kwestie. De publicatie wordt verkocht met het idee dat de uitgever geen boekhoudkundige, officieel toegestane of anderszins gekwalificeerde diensten hoeft te verlenen. Als advies nodig is, juridisch of professioneel, moet een beoefend persoon in het beroep worden besteld.

Het is op geen enkele manier legaal om enig deel van dit document te reproduceren, dupliceren of verzenden in elektronische of gedrukte vorm. Het opnemen van deze publicatie is ten strengste verboden en opslag van dit document is niet toegestaan tenzij met schriftelijke toestemming van de uitgever. Alle rechten voorbehouden.

Waarschuwing Disclaimer: de informatie in dit boek is naar ons beste weten waar en volledig. Alle aanbevelingen worden gedaan zonder garantie van de kant van de auteur of de uitgever van het verhaal. De auteur en uitgever wijzen alle aansprakelijkheid af in verband met het gebruik van deze informatie

Inhoudsopgave

INVOERING 8
C OCKTAIL RECEPTENBOEK 10
   1. CAIPIRINHA 10
   2. SEKS OP HET STRAND 12
   3. MOSKOU-EZEL 15
   4. MARGARITA 18
   5. TEQUILA-ZONSOPGANG 20
   6. PINA COLADA 22
   7. GIN-TONIC 25
   8. HUGO 27
   9. MEI TAI 29
   10. ZOMBIE 31
   11. KOSMOPOLITAANS 34
   12. CAMPARI ORANJE 36
   13. BLOEDIGE MARIA 38
   14. CUBA LIBRE 40
   15. BAHAMA'S MAMA 42
   16. B52 44
   17. WODKA MARTINI 46
   18. WODKA ZONSOPGANG 48
   19. GIN FIZZ 50
   20. WHISKY ZUUR 52

21. MAAGDEN COLADA..54

22. ESPRESSO MARTINI...56

23. PLANTER PONS..58

24. BELLINI...60

25. WODKA CITROEN...62

26. MALIBU-STRAND..64

27. APEROL ZUUR...66

28. LONDEN MEUIL..68

29. CAIPIROSKA..70

30. GIN EN TONIC MET KOMKOMMER................................72

31. AARDBEIEN DAIQUIRI...74

32. AARDBEIENCOLADA..76

33. MAAGDELIJKE CAIPIRINHA...78

34. AVERNA ZUUR..80

35. SCHROEVENDRAAIER...82

36. MIMOSA-COCKTAIL...84

37. BLAUWE LAGUNE...86

38. BEVROREN MARGARITA...88

39. WINTERVERSHEID...90

40. TROPISCH SINAASAPPEL...92

41. WIT RUSSISCH..94

42. FLAMINGO...96

43. DAIQUIRI..98

44. AMARETTO SAUER..100

45. WODKA ZUUR...102

46. ROZE GIN EN TONIC.......................................104

47. BATIDA ORANJE...106

48. ZWART RUSSISCH..108

49. COCO-LOCO...110

50. EXOTISCHE PONS...112

51. NIET-ALCOHOLISCHE PINYA COLADA..............114

52. FEESTELIJKE WINTERPUNCH..........................117

53. COCKTAIL MET WITTE WIJN EN BRUISWATER......120

54. VERFRISSENDE NIET-ALCOHOLISCHE MOJITO......123

55. AARDBEIENSANGRIA MET SINAASAPPELEN EN WITTE WIJN...126

56. MOJITO MET KIWI EN AGAVE.........................129

57. TRADITIONELE SPAANSE SANGRIA.................132

58. BANAAN DAIQUIRI..135

59. DONKERE STORMCOCKTAIL............................137

60. COCKTAIL - DE KUS VAN DE BIJ......................139

61. COCKTAIL PAARSE MIST.................................141

62. RODE SANGRIA VOOR KINDEREN...................143

63. JAMAICA COCKTAIL JOE..................................146

64. LANGE EILAND IJSTHEE COCKTAIL..................148

65. BRONX-COCKTAIL...151

66. COCKTAIL ZOMERBREEZE...............................153

67. BANAAN COLADA COCKTAIL...........................156

68. COCKTAIL VAN DE ZEEBREEZE 158

69. PALM BEACH-COCKTAIL 160

70. KAIPIROSKA-COCKTAIL 162

71. WATERMELOEN PARTYCOCKTAIL 164

72. KOUDE PUNCH MET RUM EN SINAASAPPELSAP 166

73. KOSMOPOLITAANSE COCKTAIL 169

74. VERFRISSENDE AARDBEIENSANGRIA 172

75. KLASSIEKE AARDBEIEN DAIQUIRI 176

76. BLOODY MARY-COCKTAIL 178

77. AARDBEIEN COLADA COCKTAIL 181

78. FRUITCOCKTAIL MET CHAMPAGNE 183

79. NIET-ALCOHOLISCHE FRUITCOCKTAIL 186

80. ECSTASY-COCKTAIL 188

81. LONGDRANK MET CHAMPAGNE 190

82. ALCOHOLISCHE COCKTAIL MET DRUIVEN 192

83. MELOEN MIRAGE 194

84. COCKTAIL MET BRAAMBESSEN EN COGNAC 196

85. OUZO COCKTAIL EN KOMKOMSAP 198

86. GRILLIGE COCKTAIL MET OUZO 200

87. COCKTAIL MET OUZO EN JENEVER 202

88. IJSCOCKTAIL 204

89. GROEN Fluister 207

90. MELKACHTIGE FRUITCOCKTAIL 209

91. KOMETCOCKTAIL 211

92. WODKA GIMLET..213

93. APPEL MARTINI..215

94. FRANSE PUNCH MET CHOCOLADE..................................217

95. JAPANSE WITTE ROZENCOCKTAIL..................................220

96. COCKTAIL MARSEPEIN FLIP..223

97. FRANSE EIERPUNCH..226

98. ALCOHOL-COCKTAIL CHOCOLADE EN MELK..................229

99. IJSCITRUS PUNCH MET CHAMPAGNE..............................231

100. VEGAN NON-ALCOHOLISCHE COCKTAIL MET BEVROREN BOSBESSEN..233

INVOERING

Cocktails zijn een soort mixdrankjes die in bijna elk land populair zijn. Het is een soort drank die smaakstoffen bevat. Het bevat onder meer vruchtensap, sauzen, honing, melk, room of kruiden. Cocktails zijn onlangs aan populariteit gewonnen.

Cocktails werden vroeger gemaakt met gin, whisky of rum, evenals een kleine hoeveelheid wodka. Veel cocktails werden traditioneel gemaakt door het te combineren met gin, ook wel gimlet of martini genoemd. Na de jaren tachtig werd dit soort mixdrankje geïntroduceerd. Dr. David Wonderich bedacht de term cocktail in oktober 2005.

Een voordeel van het nemen van een slokje cocktail is dat het je hoofdpijn op afstand houdt. Een 'cocktail' is een soort drank die bestaat uit suiker, water en bitterstoffen. Het is ook bekend als een bittere slinger. Er wordt ook gezegd dat het een verkiezingsdrankje is, omdat het het hart sterk en moedig houdt. Iemand die één slokje cocktail heeft genuttigd, is klaar om iets anders te consumeren.

Cocktails bevatten zeer weinig alcohol, zowel qua kwaliteit als kwantiteit, vergeleken met andere alcoholische dranken. Cocktails zijn ook duurder dan andere soorten dranken. Als gevolg hiervan zijn barmannen begonnen met het bereiden van cocktails. Cocktails worden gemengd met verschillende soorten andere dranken, zoals gin, whisky, melk en room, maar niet met water. De ingrediënten die in het mengsel worden gebruikt, variëren afhankelijk van de regio.

C OCKTAIL RECEPTENBOEK

1. CAIPIRINHA

ingrediënten

- 6 cl Cachaca (Pitù)
- 1 st limoen
- 2 eetlepels rietsuiker (bruin)
- 5 eetlepels gemalen ijs

voorbereiding

1. Snijd de beide uiteinden van de onbehandelde limoenen af, snijd ze in achtsten en doe ze in een tumblerglas. Verdeel de bruine suiker erover en pers de limoenstukjes eruit met een stamper.

2. Voeg als laatste de cachaca toe. Vul het glas met crushed ijs en roer alles goed door. Voeg eventueel een scheutje frisdrank toe en serveer de cocktail met een rietje.

2. SEKS OP HET STRAND

ingrediënten

- 4 cl wodka
- 2 cl perziklikeur
- 4 cl cranberrysap
- 6 cl sinaasappelsap (om aan te vullen)
- 10 stuks ijsblokjes (voor shaker en glas)

Ingrediënten voor decoratie

- 1 stuk sinaasappelschijfje
- 1 stukje ananasschijf
- 1 STUK cocktailkers

voorbereiding

1. Vul de shaker met 4-6 ijsblokjes en voeg de overige ingrediënten toe zoals wodka, perziklikeur en cranberrysap, en schud krachtig.

2. Giet ca. Doe 5-6 ijsblokjes in een longdrinkglas of orkaanglas en giet de cocktail door een zeef.

3. Giet er tenslotte het sinaasappelsap overheen.

4. Serveer met een rietje en een schijfje sinaasappel en/of ananas en een cocktailkers.

3. MOSKOU-EZEL

ingrediënten

- 5 cl wodka
- 0,5 st limoen (geperst)
- 320 ml gemberbier om af te vullen
- 10 ijsblokjes

Ingrediënten voor decoratie

- 3 eetlepels limoen
- 1 takje munt (klein en vers)

voorbereiding

1. Voor de Moskouse Mule: pers eerst de limoen uit.
2. Giet de wodka in de koperen beker en vul deze onmiddellijk met ijsblokjes. Giet nu het limoensap over het ijs.
3. Vul aan met gemberbier en roer voorzichtig met een barlepel.

4. Gebruik limoenpartjes en muntblaadjes om te garneren.

4. MARGARITA

ingrediënten

- 2 cl limoensap
- 1 cl sinaasappellikeur
- 3 cl tequila
- 1 shot limoenen voor garnering
- 1 prijs Zout voor garnering

voorbereiding

1. Garneer de voorgekoelde cocktailkom met limoensap en zout.
2. Vul de cocktailshaker met gecrasht ijs. Voeg limoensap, sinaasappellikeur en tequila toe en schud krachtig.
3. Giet het drankje in de cocktailkom en serveer onmiddellijk.

5. TEQUILA-ZONSOPGANG

ingrediënten

- 4 cl tequila
- 1 cl citroensap
- 11 cl sinaasappelsap
- 1 cl grenadine

voorbereiding

1. Vul de shaker met 5 ijsblokjes, voeg alle ingrediënten toe behalve de grenadine en schud krachtig. (15 sec.)

2. Doe wat crushed ijs in een longdrinkglas en giet de drank door een zeef. Giet de grenadine voorzichtig over de achterkant van een lepel in het glas.

3. Niet roeren, wacht tot de siroop op de bodem van het glas ligt en serveer dan met een rietje en een schijfje citroen.

6. PINA COLADA

ingrediënten

- 2 theelepels citroensap
- 4 cl Kokosroom (of kokossiroop)
- 2 cl slagroom
- 6e cl rum
- 8e cl Ananassap
- 1 Ananasschijfje

voorbereiding

1. Voor een pina colada snijd je eerst de ananasschijf in blokjes en doe deze in de blender.

2. Ananassap, kokosroom (of kokossiroop), rum, room toevoegen (dit maakt de cocktail nog romiger), citroendruppels toevoegen, alles in de mixer doen en alles goed mixen gedurende ongeveer 25 seconden.

3. Giet de afgewerkte pina colada in een ballonglas (fancy glas), vul aan met crushed

ijs en garneer met een vers ananasschijfje en een cocktailkers.

7. GIN-TONIC

ingrediënten

- 4 cl jenever
- 3 stuks ijsblokjes
- 0,25 l tonicwater
- 1 schijfje citroen of limoen

voorbereiding

1. Schenk de gin in een longdrinkglas met ijsblokjes en vul eventueel aan met tonicwater.

2. Versier met een schijfje citroen of limoen, ijsblokjes en een rietje.

8. HUGO

ingrediënten

- 2 cl vlierbloesemsiroop
- 160 ml Prosecco
- 1 shot frisdrank om bij te vullen
- 2bl munt
- 0,5 Sint-limoen

voorbereiding

1. Een Hugo wordt meestal geserveerd in een champagne- of rode wijnglas. Om dit te doen, snijdt u de limoen in partjes. Houd een kiertje boven het glas, druk kort aan zodat er een paar spatten in het glas druppelen. Doe vervolgens een schijfje limoen in het glas of plak dit op de rand van het glas.

2. Voeg nu de vlierbloesemsiroop, een paar muntblaadjes en de ijsblokjes toe. Vul aan met prosecco en frisdrankwater.

9. MEI TAI

ingrediënten

- 6 cl bruine rum
- 2 cl sinaasappellikeur
- 1 cl suikersiroop
- 1 cl amandelsiroop
- 5 cl ananassap
- 0,5 st kalk

voorbereiding

1. Pers de limoen uit en giet het sap met 5 ijsblokjes in een shaker. Voeg de bruine rum, amandel- en suikersiroop, ananassap en sinaasappellikeur toe en schud goed.

2. Doe de drank op ijs in een longdrinkglas en serveer met een rietje.

10. ZOMBIE

ingrediënten

- 2cl Cointreau
- 0,2 l gemalen ijs
- 6 cl Ananassap
- 2 cl citroensap
- 4 cl sinaasappelsap
- 2 cl passievruchtensiroop
- 2 cl grenadine
- 2 cl rum (high proof)
- 4 cl rum (donker)
- 4 cl rum (wit)
- 1 schijfje sinaasappel, ter decoratie

voorbereiding

1. Schud de ingrediënten Cointreau, alle rumsoorten, grenadine, passievruchtensiroop, sinaasappelsap, citroensap, ananassap, met gemalen ijs

krachtig in een shaker en zeef in een longdrinkglas.

2. Garneer met kersen en een schijfje sinaasappel.

11. KOSMOPOLITAANS

ingrediënten

- 2 cl cranberrysap
- 3 cl wodka
- 1cl Cointreau
- 1 cl limoensap
- 4 ijsblokjes

voorbereiding

1. Schud wodka, Cointreau, limoensap en cranberrysap in de shaker samen met ca. 4 ijsblokjes krachtig.

2. Laat het martiniglas kort invriezen in de vriezer. Wrijf de rand van het martiniglas in met de limoenschil.

3. Zeef de Cosmopolitan, schenk hem in het martiniglas en garneer met een cocktailkers of een partje limoen.

12. CAMPARI ORANJE

ingrediënten

- 12cl sinaasappelsap
- 4cl Campari
- 5 stuks ijsblokjes
- 1 schijfje sinaasappel

voorbereiding

1. Giet ijsblokjes tot de helft van het glas in een longdrinkglas.
2. Giet Campari in het glas, vul aan met sinaasappelsap en roer met een barlepel.
3. Garneer met een schijfje sinaasappel en een zwart rietje en serveer.

13. BLOEDIGE MARIA

ingrediënten

- 2 cl wodka
- cl tomatensap
- 2cl citroensap
- 1 regel Tabasco
- 1 scheutje Worcestersaus
- 1 prijs paprika
- 1 prijs zout

voorbereiding

1. Doe alle ingrediënten zoals wodka, tomatensap, citroensap, tabasco, worcestershiresaus, zout en peper in een mengglas, meng goed en giet het vervolgens in een ouderwets glas.

2. Garneer met een partje citroen of limoen.

14. CUBA LIBRE

ingrediënten

- 4 cl rum
- 2 cl citroen- of limoensap
- 15e cl cola
- 3 stuks ijsblokjes
- 1 pan citroen of limoen

voorbereiding

1. Vul een longdrinkglas met ijsblokjes.
2. Giet de rum en het citroen- of limoensap in het glas en vul aan met cola. Roer alles goed door.
3. Snijd de limoenen of citroenen in partjes en doe ze in het glas, serveer met een rietje.

15. BAHAMA'S MAMA

ingrediënten

- 4 cl rum (wit)
- 2 cl kokoslikeur
- 2 cl rum (bruin)
- 4 cl ananassap
- 1 cl citroensap (vers geperst)
- 4 cl sinaasappelsap
- 1 scheutje grenadinesiroop

voorbereiding

1. Bereid een luxe glas of een longdrink voor. Schud vervolgens alle ingrediënten goed met ijs in een cocktailshaker.

2. Zeef nu de gemengde cocktail door een zeef in een willekeurig glas.

3. Ter decoratie wordt een schijfje citroen of een mooi gesneden stukje schil op het glas geplakt.

16. B52

ingrediënten

- 2 cl koffielikeur
- 2cl Baileys
- 1 cl rum

voorbereiding

1. Giet de ingrediënten voorzichtig over de achterkant van een lepel in een aperitiefglas - eerst de koffielikeur, dan de Baileys en tenslotte de rum (high proof).

2. Giet langzaam in, zodat de ingrediënten niet vermengen en er drie verschillende lagen in het glas ontstaan.

3. Steek het afgewerkte drankje aan met een aansteker, serveer onmiddellijk, vergeet een rietje niet, zodat u zich niet verbrandt (of eerst de vlam uitblaast).

17. WODKA MARTINI

ingrediënten

- 5cl wodka

- 1 cl vermout droog

- 1 stuk groene olijven, ter decoratie

voorbereiding

1. Doe de ijsblokjes, wodka en alsem in een mengglas en roer met de roerder. (niet schudden!)

2. Koel een cocktailkom voor in de vriezer, doe een groene olijf in het glas en zeef de resterende hoeveelheid in het cocktailglas en serveer.

18. WODKA ZONSOPGANG

ingrediënten

- 1 schot Grenadines
- 6 cl wodka
- 12cl sinaasappelsap

voorbereiding

1. Doe wodka, sinaasappelsap en ijs in een longdrinkglas en roer goed.

2. Giet vervolgens langzaam en voorzichtig de grenadine erbij zodat er een mooi kleurverloop ontstaat.

19. GIN FIZZ

ingrediënten

- 5 cl jenever
- 3 cl citroen (geperst sap)
- 2cl suikersiroop
- Sint-ijsblokjes voor in het glas
- 150 ml sodawater om bij te vullen
- 2 stukjes citroen ter decoratie

voorbereiding

1. Voor de gin fizz pers je eerst de citroen uit. Schud vervolgens de gin, ijsblokjes, citroensap en suikersiroop krachtig in de cocktailshaker gedurende maximaal 1 minuut.

2. Doe nu verse ijsblokjes in een voorbereid longdrinkglas of ballonglas. De krachtig geschudde drank wordt nu in het glas gezeefd. Vul tenslotte bij met sodawater.

3. Meng kort en serveer met de partjes citroen in het glas en het takje rozemarijn.

20. WHISKY ZUUR

ingrediënten

- 3 cl citroensap
- 5 cl Schotse whisky
- 2 cl suikersiroop

voorbereiding

1. Shake de whisky met citroensap en suikersiroop goed met een paar ijsblokjes in de shaker.
2. Zeef het in een glas met een paar ijsblokjes en garneer met partjes citroen.

21. MAAGDEN COLADA

ingrediënten

- 2 cl slagroom
- 4 cl kokosmelk
- 16 cl ananassap
- 1 eetl ananas
- Cocktailkers

voorbereiding

1. Meng eerst de slagroom, kokosmelk en ananassap goed in een shaker.

2. Doe het geheel vervolgens in een groot glas en voeg eventueel ijsblokjes toe.

3. Versier ten slotte met een schijfje ananas of honingmeloen en de kers en een parasol.

22. ESPRESSO MARTINI

ingrediënten

- 50 ml wodka
- 25 ml Koffielikeur
- 25 ml espresso
- 3 stuks koffiebonen ter decoratie
- 5 stuks ijsblokjes voor de shaker

voorbereiding

1. Voor de espresso martini doe je de wodka, koffielikeur en espresso in een shaker met ijsblokjes. Schud krachtig.//

2. Giet het drankje in een martiniglas, decoreer met koffiebonen en serveer.

23. PLANTER PONS

ingrediënten

- 2 cl limoensap
- 8e cl sinaasappelsap
- 5 cl rum, bruin
- 1 cl grenadine

voorbereiding

1. Vul de cocktailshaker met 5 ijsblokjes. Doe de grenadine, limoensap, sinaasappelsap en rum in de shaker en schud alles krachtig gedurende ongeveer 15 seconden.

2. Doe verse ijsblokjes in een longdrinkglas en giet de haak door een zeef.

3. Garneer met ananaswig, citroenwig, cocktailkers, rietje en parapluutje.

24. BELLINI

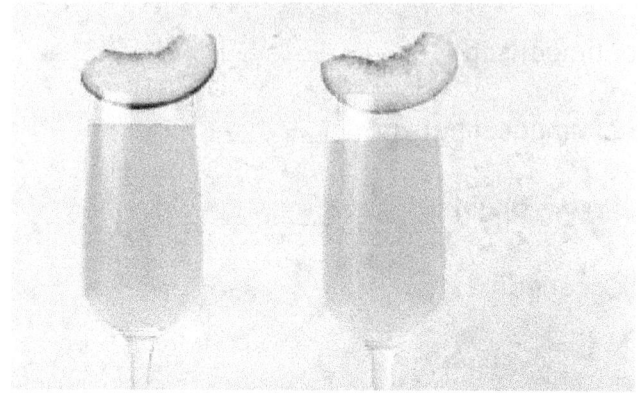

ingrediënten

- 0,5 st perzik
- 1 shot prosecco
- 1 theelepel perziklikeur

voorbereiding

1. Pureer het stuk perzik in een blender en giet het door een zeef in een mengglas.

2. Meng de fruitpuree met de likeur en de ijskoude Prosecco zorgvuldig.

3. Als extra decoratie voor een perfecte Bellini kan er ook een stukje perzik aan het glas worden toegevoegd.

25. WODKA CITROEN

ingrediënten

- 4 cl wodka
- 1 cl limoensap
- 1 scheutje bittere citroen

voorbereiding

1. Je doet twee ijsblokjes in een longdrinkglas, daarna voeg je eerst de wodka toe en daarna het limoensap.

2. Roer vervolgens met een barlepel en vul aan met bittere citroen. Garneer met een paar schijfjes limoen.

26. MALIBU-STRAND

ingrediënten

- 5cl sinaasappelsap
- 4 cl Passievruchtnectar
- 2 cl Amandelsiroop
- 4 cl Malibu
- 2 cl grenadine
- 3 cl ananassap
- 2 cl citroensap

Voorbereiding

1. Meng het ananassap, de passievruchtnectar, het citroensap en het sinaasappelsap goed in de shaker.

2. Voeg vervolgens de amandelsiroop en de grenadine toe, evenals een paar ijsblokjes, schud opnieuw en giet het in het cocktailglas.

3. En giet als laatste de Malibu over de cocktail.

27. APEROL ZUUR

ingrediënten

- 5 cl Aperol
- 3 cl citroensap (vers geperst)
- 2 cl sinaasappelsap (vers geperst)
- 1 cl suikersiroop

voorbereiding

1. Schud de ingrediënten goed in de shaker.
2. Zet een tumblerglas klaar en vul het met 2-3 ijsblokjes. Giet vervolgens de verslaafde drank voorzichtig in het glas met behulp van een zeef.
3. Garneer met een half schijfje sinaasappel in het glas.

28. LONDEN MEUIL

ingrediënten

- 0,5 Sint-Limoen (sap)
- 6cl London Dry Gin
- 9 cl gemberbier
- 1 Schb Limoen (decoratie)

voorbereiding

1. Pers een halve limoen uit en giet het sap samen met ijsblokjes in een longdrinkglas.

2. Giet er de gin overheen, roer en vul aan met gemberbier.

3. Plaats ter decoratie een schijfje limoen op de rand van het glas.

29. CAIPIROSKA

ingrediënten

- 5cl wodka
- 1 st limoen
- Sint-ijsblokjes
- 3 eetlepels rietsuiker

voorbereiding

1. Doe wodka met limoen en rietsuiker in een glas en roer goed.

2. Doe de ijsblokjes in het glas en voeg limonade toe. Gebruik een schijfje citroen of limoen ter decoratie.

30. GIN EN TONIC MET KOMKOMMER

ingrediënten

- 4 cl jenever
- 200 ml tonicwater
- 6 Schb Salade komkommer met schil
- 3 stuks ijsblokjes

voorbereiding

- Doe ijsblokjes en gin in een glas.
- Snijd de komkommer in plakjes.
- Voeg de stukjes komkommer toe en giet de tonic erover.

31. AARDBEIEN DAIQUIRI

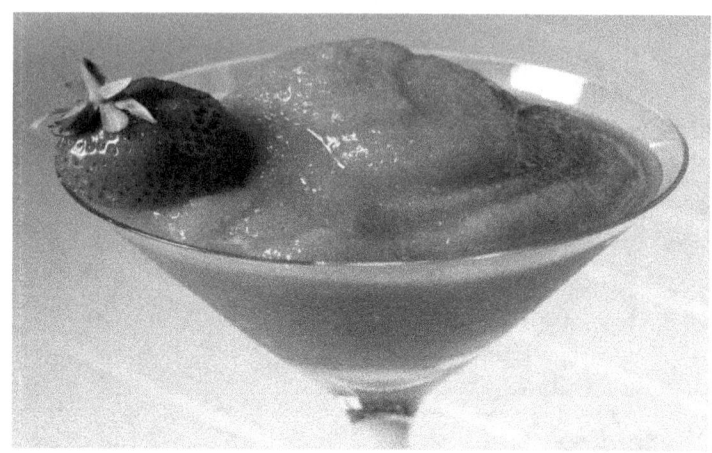

ingrediënten

- 4 cl rum
- 2 cl limoensap (vers geperst)
- 2 cl aardbeienlikeur
- 8. Sint-aardbeien (klein)
- 3 eetlepels gemalen ijs

voorbereiding

1. Hak wat gemalen ijs samen met de aardbeien fijn in een blender. Voeg vervolgens de overige ingrediënten toe en schud goed.

2. Schenk de drank in een cocktailglas en serveer met een zwart rietje.

3. Garneer met stukjes aardbei en een muntblaadje op de rand van het glas.

32. AARDBEIENCOLADA

ingrediënten

- 6 cl witte rum
- 10 cl ananassap
- 2 cl citroensap
- 6 cl Aardbeiensiroop
- 4 cl kokossiroop

voorbereiding

1. Meng de ijsblokjes, het ananas- en citroensap, de kokos- en aardbeiensiroop en de witte rum goed en roer.

2. Vul een ballonglas met ijsblokjes en de drank en plak ter decoratie een bijzondere sterananas of een verse aardbei op de rand van het glas.

33. MAAGDELIJKE CAIPIRINHA

ingrediënten

- 1 st limoen
- 2 shots ginger ale om te vullen
- 0,5 el rietsuiker (bruin)

voorbereiding

1. Snijd eerst de uiteinden van de limoen af, snijd de limoen vervolgens in achtsten en doe deze in een hoog glas. Verdeel de rietsuiker over de limoenstukjes en pureer de rietsuiker op de limoenstukjes met een stamper.
2. Vul het glas met crushed ijs.
3. Vul aan met ginger ale, roer. Doe munt in een glas als decoratie of gebruik een limoenpartje op de rand van het glas.

34. AVERNA ZUUR

ingrediënten

- 4cl Averna
- 2 cl Vers geperst citroensap
- 2 stuks ijsblokjes

voorbereiding

1. Meng de Averna en het citroensap in een glas.
2. Voeg ijsblokjes toe en versier indien nodig met een schijfje citroen.

35. SCHROEVENDRAAIER

ingrediënten

- 4 cl wodka
- 10cl sinaasappelsap
- Sint-ijsblokjes

voorbereiding

1. Meng ijsblokjes, wodka en sinaasappelsap op ijs in een glas.
2. Garneer met een kers en een schijfje sinaasappel.

36. MIMOSA-COCKTAIL

ingrediënten

- 1 Spr Triple Sec likeur
- 7.cl champagne (type naar keuze)
- 7cl sinaasappelsap
- 0,25 stukjes sinaasappelschijfje voor decoratie

voorbereiding

1. Giet champagne en sinaasappelsap in een koel champagneglas.
2. Rond het drankje af met een scheutje Triple Sec-likeur.
3. Snijd een schijfje sinaasappel in vieren en plak een stukje op de rand van het glas als decoratie.

37. BLAUWE LAGUNE

ingrediënten

- 8 cl Ananassap
- 4 cl rum, wit
- 3 cl Blauw Curaçao
- 1 stuk ananas

voorbereiding

1. Doe 2-3 ijsblokjes in een longdrinkglas. Giet het ananassap en de rum erbij, roer met een barlepel en giet de Blue Curacao voorzichtig bij het drankje en stop met roeren.

2. Plak ter decoratie een spiraalvormige citroenschil op de rand van het glas.

38. BEVROREN MARGARITA

ingrediënten

- 3 cl limoensap
- 2 cl sinaasappellikeur
- 4 cl tequila
- 1 basiszout

voorbereiding

1. Meng het limoensap, de sinaasappellikeur, het zout en de tequila met gemalen ijs in een blender gedurende 3 minuten.

2. Giet vervolgens in een cocktailglas en garneer met een limoen.

39. WINTERVERSHEID

ingrediënten

- 1 cl grenadine
- 2 cl Orgeat (amandelsiroop)
- 7 cl sinaasappelsap
- 4 cl Ananassap
- 2 cl limoensap

voorbereiding

1. Meng ananas- en sinaasappelsap, grenadine, limoensap en orgeade met een paar ijsblokjes in een longdrinkglas.

2. Serveer het drankje met een rietje en een schijfje sinaasappel.

40. TROPISCH SINAASAPPEL

ingrediënten

- 3 cl sinaasappellikeur
- 2 cl jenever
- 4 cl grapefruitsap
- 6 cl sinaasappelsap
- Sint-ijsblokjes

voorbereiding

1. Schud de gin, grapefruitsap, sinaasappellikeur en sinaasappelsap krachtig in de shaker met een paar ijsblokjes.

2. Giet het door de zeef op ijsblokjes in een longdrinkglas of ballonglas. Serveer met sinaasappel- of ananasschijfjes en een cocktailkers.

41. WIT RUSSISCH

ingrediënten

- 3 cl slagroom
- 3 cl wodka
- 3 cl koffielikeur

voorbereiding

1. Klop de room schuimig, doe 5 ijsblokjes in een mengglas, voeg wodka en koffielikeur toe en roer goed.

2. Giet het geheel door een zeef in een glas en voeg de slagroom toe als decoratie.

42. FLAMINGO

ingrediënten

- 6 cl sinaasappelsap
- 1 cl passievruchtensiroop
- 1 cl citroensap
- 1 cl amandelsiroop
- 1 cl grapefruitsap
- 3 stuks ijsblokjes
- 1 shot grenadine

voorbereiding

1. Schud sinaasappelsap, passievruchtensiroop, grenadine, citroensap, amandelsiroop en grapefruitsap krachtig in de shaker.

2. Zeef de drank en schenk deze in een longdrinkglas op verse ijsblokjes en garneer met een schijfje citroen.

43. DAIQUIRI

ingrediënten

- 5 cl witte rum
- 3 cl citroensap
- 2 cl suikersiroop
- 5 eetlepels gemalen ijs

voorbereiding

1. Doe de witte rum, het citroensap en de suikersiroop in de shaker en schud krachtig.
2. Zeef de drank door de zeef in een voorgekoelde cocktailkom, serveer "rechtop", dat wil zeggen zonder ijs in het glas en een schijfje citroen op de rand van het glas.

44. AMARETTO SAUER

ingrediënten

- 5 cl amaretto
- 3cl sinaasappelsap
- 3cl citroensap

voorbereiding

1. Doe alle ingrediënten in een cocktailshaker, voeg ijsblokjes toe en schud goed.

2. Zet een tumblerglas klaar en giet de verslaafde drank door een zeef over een paar verse ijsblokjes.

3. Ter decoratie wordt een schijfje citroen in het glas geplaatst.

45. WODKA ZUUR

ingrediënten

- 5cl wodka
- 2 cl suikersiroop
- 3 cl citroensap
- 3 stuks citroenpartjes ter decoratie

voorbereiding

1. Schud alle ingrediënten in de shaker met ijsblokjes. Giet vervolgens in een tumblerglas.
2. Garneer met partjes citroen in het glas.

46. ROZE GIN EN TONIC

ingrediënten

- 2 cl roze gin
- 100 ml tonicwater
- 1 stuk ijsblokje (groot)
- 3 stuks jeneverbessen

voorbereiding

1. Doe de ijsblokjes, jeneverbessen en gin in een groot cocktailglas.

2. Giet de tonic erover en serveer ijskoud.

47. BATIDA ORANJE

ingrediënten

- 6 cl sinaasappelsap
- 2 cl Kokoslikeur (Batida de Coco)
- 2 cl slagroom
- 2 cl witte rum

voorbereiding

1. Vul de cocktailshaker met 5 ijsblokjes. Voeg de aangegeven ingrediënten toe, sluit de shaker en schud krachtig gedurende 15 seconden.

2. Doe twee ijsblokjes in een longdrinkglas en giet de drank door een zeef.

3. Versier met eventueel fruit, bijvoorbeeld appelschijfjes, ananas in het glas.

48. ZWART RUSSISCH

ingrediënten

- 4 cl wodka
- 2 cl koffielikeur

voorbereiding

Doe 2 ijsblokjes in een tumblerglas, voeg de wodka- en koffielikeuringrediënten toe, roer en serveer.

49. COCO-LOCO

ingrediënten

- 4 cl witte rum
- 3 cl jenever
- 3 cl tequila
- 2cl Batida de Coco
- 5 cl kokosroom
- 2 cl citroensap
- 15 cl Ananassap

voorbereiding

1. Giet het ananassap, Batida de Coco, Cream of Coconut, gin, tequila, witte rum en citroensap in de shaker met een paar ijsblokjes en schud krachtig.

2. Zeef de drank door de zeef in een ballonglas met gemalen ijs.

3. Serveer met een rietje en versier de rand van het glas met een ananas of aardbei.

50. EXOTISCHE PONS

ingrediënten

- cl passievruchtnectar
- 4 cl sinaasappelsap
- 4 cl grapefruitsap
- 4 cl ananassap
- 2 cl mangosiroop

voorbereiding

1. Meng het ananas-, grapefruit- en sinaasappelsap, de mangosiroop en de passievruchtnectar en voeg het samen met het ijs toe aan de shaker.

2. Vul een longdrinkglas met ijsblokjes en zeef de haakvormige hoeveelheid erop. Garneer met een muntblaadje of een ananaswig.

51. NIET-ALCOHOLISCHE PINYA COLADA

ingrediënten

- bananen - 2 st.
- ananas - 300 g ingeblikt voedsel
- poedersuiker - 20 g
- kokosmelk - 300 ml
- kokosschaafsel
- ananassap - 2 theel
- kokossiroop - 1 theelepel
- ijs - 100 g gemalen

Voorbereiding

1. Meng de ananas, banaan, poedersuiker, kokosmelk, ananassap, kokossiroop en ijs.

2. Verdeel het mengsel in cocktailglazen en bestrooi eventueel met kokosschaafsel.

3. Garneer alcoholvrije cocktails met ananas-, banaan- of kokoschips.

4. Vind je ze niet zoet genoeg, dan kun je nog wat poedersuiker toevoegen.

5. Geniet van deze alcoholvrije Pinya Colada.

52. FEESTELIJKE WINTERPUNCH

ingrediënten

- appelsap - 200 ml
- sinaasappelsap - 200 ml
- witte wijn - 250 ml
- thee - 300 ml fruit of kruiden
- rum - 100 ml puur
- appels - 1 st.
- sinaasappels - 1/2 st.
- bruine suiker - 1 eetl.
- gember - 4 plakjes
- kruidnagel - 4 nagels
- kaneel - 2 stokjes
- steranijs - 1 ster

Voorbereiding

1. Maak thee naar keuze , zeef het en zet het opzij.

2. Giet de wijn in een grote pan en voeg de kaneel, kruidnagel, gember, anijs en bruine suiker toe.

3. Giet de sappen erin en snijd het fruit in stukjes.

4. Het mengsel mag niet koken.

5. Giet de thee, het warme mengsel en de rum in een grote kom.

6. Meng de afgewerkte punch en breng deze indien gewenst op smaak met meer bruine suiker en rum.

7. Geniet van dit drankje tijdens de koude feestdagen.

8. De feestelijke winterpunch is erg lekker.

53. COCKTAIL MET WITTE WIJN EN BRUISWATER

ingrediënten

- koolzuurhoudend water - 80 ml
- witte wijn - 150 ml Chardonnay
- citroenen - 1/2 st.
- ijs - 4 el.
- suiker - om de citroenschil te rollen
- indris - 1 klein blad
- kumquat - mini-sinaasappel

Voorbereiding

1. Schil een halve citroenschil met een aardappelschiller.
2. Snijd de mini-sinaasappel in cirkels en verdeel ze in glazen wijnglazen.
3. Verdeel het gemalen ijs en giet de wijn en frisdrank erover.
4. Verdeel de citroenschil in reepjes en rol deze voor in de suiker.

5. Versier deze alcoholische cocktails eventueel met indrishebladeren.

6. De cocktail met witte wijn en bruisend water is erg lekker en verfrissend.

54. VERFRISSENDE NIET-ALCOHOLISCHE MOJITO

ingrediënten

- limoen - 1 stuk
- koolzuurhoudend water - 75 ml
- munt - 8 bloemblaadjes
- bruine suiker - 2 theelepels.
- ijs - 250 ml (gemalen)
- limoensap - vers geperst

Voorbereiding

1. Zet een middelgroot glas klaar.
2. Doe de gewassen muntblaadjes erin. Giet de bruine suiker en het limoensap erbij en begin voorzichtig te pureren zodat het muntaroma vrijkomt.
3. Vul met crushed ijs en doe de limoenschijfjes erin. Giet het koolzuurhoudende water erbij en roer de alcoholvrije cocktail voorzichtig door.

4. Garneer met munt en een schijfje limoen en serveer onmiddellijk.

5. De verfrissende alcoholvrije mojito is klaar.

55. AARDBEIENSANGRIA MET SINAASAPPELEN EN WITTE WIJN

ingrediënten

- sinaasappels - 3 st.
- witte wijn - 750 ml
- bessen - 300 gram
- koolzuurhoudend water - 300 ml
- ijs
- bruine suiker - 4 el.

Voorbereiding

1. Snij de aardbeien en één sinaasappel. Giet het sap van de andere 2 sinaasappels af.

2. Giet de suiker met de witte wijn in een diepe kom. Roer tot de suikerkristallen smelten.

3. Giet frisdrankwater en voeg gehakte pap en aardbeien toe.

4. Roer en bewaar de sangriaschotel in de koelkast.

5. Na een paar uur kun je het serveren door ijsblokjes toe te voegen.

6. Aardbeiensangria met sinaasappels en witte wijn is klaar.

56. MOJITO MET KIWI EN AGAVE

ingrediënten

- koolzuurhoudend water - 330 ml
- kiwi - 4 goed gerijpte vruchten
- mint - 8 + meer voor decoratie
- agavesiroop - 2 el
- limoensap - 30 ml
- ijs - 400 gram

Voorbereiding

1. Verpletter het ijs of maal het in een blender. Snijd het niet te veel.
2. Giet het ijs in 4 kopjes.
3. Schil de kiwi's, snij ze in stukken en meng ze met het limoensap en de munt. Giet de agavesiroop erbij en roer opnieuw.
4. Verdeel het resulterende mengsel in glazen met ijs en voeg koolzuurhoudend water toe. Roer en versier de frisdranken met verse munt.

5. Serveer de Mojito onmiddellijk met kiwi en agave.

57. TRADITIONELE SPAANSE SANGRIA

ingrediënten

- munt - verse bladeren
- sprite - 150 ml
- fanta-citroen - 200 ml
- fanta sinaasappel - 200 ml
- mousserende wijn - 700 ml
- cognac - 40 ml
- sinaasappellikeur - 40 ml
- bessen - 4 st.
- kiwi - optioneel
- citroen - 1 st.
- oranje - 1 st.
- appel - 1 st.
- perzik - optioneel

Voorbereiding

1. Meng alle vloeistoffen in een grote kan.

2. Snijd het fruit in stukjes - je kunt een beetje opzij zetten voor decoratie.

3. Doe ze samen met de muntblaadjes in de kan.

4. Meng de zelfgemaakte sangria goed om alle smaken te mengen.

5. Voeg vóór het serveren ijsblokjes toe aan glazen kopjes.

6. Garneer de randen met de apart gehouden stukjes fruit en geniet van dit heerlijke drankje.

7. Traditionele Spaanse Sangria is erg lekker en aangenaam voor warme zomerdagen.

58. BANAAN DAIQUIRI

ingrediënten

- bananenlikeur - 100 ml
- witte rum - 100 ml
- limoensap - 50 ml
- ijs - 2 blokjes

Voorbereiding

1. Giet de bananenlikeur, rum en limoensap in een shaker met twee ijsblokjes.

2. Klop krachtig met een shaker tot het ijs volledig is gesmolten.

3. Giet de bananen-daiquiri-cocktail in een gekoeld glas.

59. DONKERE STORMCOCKTAIL

ingrediënten

- gemberbier - 100 ml
- rum - 100 ml
- citroensap - 50 ml
- ijs - 3 blokjes

Voorbereiding

1. Giet gemberbier, rum en citroensap in een shaker met een ijsblokje.
2. Schud krachtig totdat het ijs smelt.
3. Giet de afgewerkte cocktail in een glas met twee ijsblokjes.
4. Indien gewenst kunt u een schijfje citroen toevoegen om de cocktail met rum te versieren.
5. Verfris jezelf met Dark Storm Cocktail!

60. COCKTAIL - DE KUS VAN DE BIJ

ingrediënten

- rum - 100 ml wit
- honing - 1 eetl. vloeistof
- kokosmelk - 100 ml
- ijs - 2 blokjes

Voorbereiding

1. Giet in een shaker met twee ijsblokjes witte rum 1 eetl. honing (honing moet vloeibaar zijn) en kokosmelk.
2. Sluit de shaker goed af en klop krachtig tot het ijs smelt.
3. Neem een glas naar keuze, passeer de rand met een schijfje citroen en dompel het in de suiker.
4. Giet de cocktail af en garneer eventueel met een schijfje citroen.
5. De cocktailkus van de bij is geweldig voor het verwelkomen van gasten.

61. COCKTAIL PAARSE MIST

ingrediënten

- wodka - 60 ml
- zwarte frambozenlikeur - 60 ml
- cranberrysap - 80 ml
- kokosmelk - 1 theelepel.
- ijs - 3 blokjes
- citroenschil - voor decoratie

Voorbereiding

1. Doe in de shaker een ijsblokje, wodka, likeur, zwarte framboos, cranberrysap en schud goed totdat het ijs in de shaker smelt.
2. Giet de afgewerkte partycocktail in een geschikt glas met een beetje ijs.
3. Giet er met een lepel heel voorzichtig de kokosmelk overheen.
4. Indien gewenst kun je een cocktail Purple Mist versieren met citroenschil.

62. RODE SANGRIA VOOR KINDEREN

ingrediënten

- bosbessensap - 100 ml
- aardbeiensap - 100 ml
- frambozensap - 300 ml
- suiker - 50 gram
- sprite - 250 ml
- sinaasappelsap - 250 ml vers geperst
- citroensap - 100 ml vers geperst
- citroenen - 1/2 st.
- grenadine - 2 - 3 el.
- ijs - ongeveer 20 grote blokjes

Voorbereiding

1. Maal de helft van het ijs in een blender op hoge snelheid. Als je geen blender hebt, kun je ijsblokjes toevoegen, maar gebruik dan kleinere blokjes.

2. Giet alle sappen - aardbei, framboos, citroen, sinaasappel en bosbes. Voeg suiker, frisdrank en grenadine toe. Roer tot de suiker oplost.

3. Snijd de citroen fijn en giet deze met het resterende ijs in een kan. Giet het fruitvocht erover en roer.

4. Serveer de sangria onmiddellijk.

63. JAMAICA COCKTAIL JOE

ingrediënten

- Jamaicaanse rum - 50 ml
- likeur - 50 ml Tia Maria
- likeur - 50 ml advocaat
- Verpletterd ijs
- grenadine - 8 druppels
- nootmuskaat - om te bestrooien

Voorbereiding

1. De rijke en scherpe smaak van Jamaicaanse rum mengt verrassend goed met de zoetheid van likeuren tia maria en advocaat.

2. We doen Jamaicaanse rum, likeur tia maria en een advocaat in een ijsschudder. Klop goed tot het volledig is afgekoeld.

3. Voeg de grenadine toe en giet het in een gekoeld cocktailglas.

4. Bestrooi een lichte Jamaica Joe-cocktail met vers geraspte nootmuskaat.

64. LANGE EILAND IJSTHEE COCKTAIL

ingrediënten

- wodka - 50 ml
- gin - 25 ml
- tequila - 25 ml zilver
- rum - 25 ml licht
- likeur - 12, 5 ml groene munt
- citroensap - 50 ml
- likeur - 1 eetl. suikersiroop
- Coca-Cola - naar smaak
- limoen - voor decoratie

Voorbereiding

1. Deze retrococktail dateert uit het Dry Regime, toen hij in glazen werd gedronken om de CIA te misleiden.
2. Giet de wodka, gin, tequila, rum, munt, citroensap en suikersiroop in een shaker en schud krachtig.

3. Voeg ijs toe en wacht tot alle vloeistof is afgekoeld.

4. Giet het mengsel in een hoog glas vol ijs en vul de auto bij.

5. We versieren de afgewerkte Long Island Ice Tea-cocktail met een schijfje limoen.

6. Zeer frisse cocktail voor een zomers feestje.

65. BRONX-COCKTAIL

ingrediënten

- gin - 50 ml
- sinaasappelsap - 25 ml
- vermout - 12, 5 ml droog
- vermout - 12, 5 ml zoet

Voorbereiding

1. Net als Manhattan is de Bronx in New York, evenals de rivier met die naam, vereeuwigd in cocktailbars over de hele wereld.

2. Doe de gin, het sinaasappelsap, de droge en zoete vermout in een mengglas vol ijs.

3. Roer goed en doe de zelfgemaakte cocktail in een gekoeld cocktailglas.

4. Probeer eens deze wereldklassieker, namelijk de Bronx-cocktail.

5. In geen enkel opzicht onderdoend voor een Manhattan-cocktail.

66. COCKTAIL ZOMERBREEZE

ingrediënten

- cranberrysap - 50 ml
- ananassap - 50 ml
- wodka - 50 ml
- ijs
- tonic
- ananas - voor decoratie

Voorbereiding

1. Cranberrysap is perfect voor het mixen van verfrissende cocktailcombinaties. Het smaakt niet zo onderscheidend als cranberry, maar de fruitige smaak is voelbaar.

2. Meng het cranberrysap, ananassap, wodka en ijs in een shaker en schud goed. We wachten tot deze heerlijke mix is afgekoeld.

3. Giet het mengsel in een hoog glas en vul aan met een tonic naar jouw smaak.

4. De afgewerkte Summer Breeze-cocktail versieren we met een schijfje limoen en we kunnen er nu van genieten.

67. BANAAN COLADA COCKTAIL

ingrediënten

- ijs - gebroken
- witte rum - 100 ml
- ananassap - 200 ml
- Malibu - 50 ml
- bananen - 1 geschild en in plakjes gesneden

Voorbereiding

1. Om deze cocktail te drinken (eten) heb je meer nodig dan een rietje.

2. Doe het gemalen ijs in een blender en voeg witte rum, ananassap, malibuto en gesneden banaan toe.

3. Klop tot een gladde massa en giet het dan, zonder te roeren, in een hoog gekoeld tumblerglas.

4. Heerlijke Banana Colada-cocktail.

68. COCKTAIL VAN DE ZEEBREEZE

ingrediënten

- wodka - 40 ml
- cranberrysap - 12, 5 ml
- ijs
- roze grapefruitsap - naar smaak

Voorbereiding

1. Roze grapefruitsap is veel zoeter en verfijnder dan zijn lichtere neefje, dus perfect om te mixen in cocktails waar je slechts een lichte scherpte wilt.

2. Meng het ijs, de wodka en het cranberrysap en wacht tot het goed is afgekoeld.

3. Giet het mengsel in een gekoeld longdrinkglas en vul naar wens aan met roze grapefruitsap.

4. Met de Sea Breeze-cocktail worden we meteen naar het strand vervoerd.

69. PALM BEACH-COCKTAIL

ingrediënten

- witte rum - 50 ml
- gin - 50 ml
- ananassap - 50 ml
- ijs - gebroken

Voorbereiding

1. Als het lang geleden is sinds je laatste vakantie, roep dan de blauwe lucht van Florida en de surfbranding op met deze zonnige cocktail.

2. Doe in een shaker met ijswitte rum, gin en ananassap.

3. Schud krachtig totdat de vloeistof volledig is afgekoeld.

4. Giet het in een gekoeld cocktailglas en we kunnen genieten van de heerlijke Palm Beach-cocktail.

70. KAIPIROSKA-COCKTAIL

ingrediënten

- limoen - 1 stuk (in 6 delen gesneden)
- poedersuiker - 3 el.
- wodka
- ijs - gebroken

Voorbereiding

1. Dit is een echt frisse versie van wodka en limoen. Als je het erg sterk vindt, voeg dan naar smaak meer suiker toe.
2. Doe de limoenschijfjes en de poedersuiker in een klein glas en plet de schijfjes zodat het sap vrijkomt en zich vermengt met de suiker.
3. Voeg de wodka toe en vul tot de rand met gemalen ijs.
4. We zijn nu klaar om deze verleiding genaamd Kaipiroska-cocktail te testen.
5. Voor maximaal effect drink je de cocktail met een rietje.

71. WATERMELOEN PARTYCOCKTAIL

ingrediënten

- watermeloen - 10 theel. gekoeld
- kokoswater - 150 ml
- limoensap - 5 el.
- wodka - 300 ml citrus
- ijs - 5 blokjes

Voorbereiding

1. Snijd de watermeloen in kleine stukjes en maak hem schoon van zaadjes.

2. Doe de schoongemaakte watermeloen, het kokoswater, het limoensap, de wodka en de ijsblokjes in een blender.

3. Klop 2-3 minuten op maximaal, zeef de afgewerkte zomercocktail door een zeef en giet het in geschikte glazen.

72. KOUDE PUNCH MET RUM EN SINAASAPPELSAP

ingrediënten

- sinaasappels - 2 st.
- water - 600 ml
- rum - 100 ml of naar smaak (wit)
- kruidnagel - 4 nagels
- nootmuskaat - 2 snuifjes
- kaneel - 1 stokje
- ijs - optioneel, voor serveren
- suiker - of honing om te zoeten (optioneel)

Voorbereiding

1. Schil een sinaasappel en rasp deze. Vul met water en voeg kaneel, kruidnagel en nootmuskaat toe. Kook gedurende 5 minuten, laat volledig afkoelen en zeef.

2. Pers het sap uit beide sinaasappels en meng met witte rum, waarvan de hoeveelheid kan variëren afhankelijk van uw smaak.

3. Meng de twee vloeistoffen en maak ze indien gewenst zoeter. Serveer de fruitcocktail naar keuze met of zonder ijsblokjes.

4. Om een echte aromatische punch te worden, is het belangrijk om de stappen te volgen die in het recept worden aangegeven: het afkooksel moet worden gebruikt zodra het is afgekoeld en de alcohol moet op het einde worden toegevoegd, zodat het zijn aroma en kwaliteiten niet verliest. Het sap moet ook vers geperst worden, niet van tevoren.

5. Traditioneel wordt koude punch met rum en sinaasappelsap geserveerd in kopjes met een handvat op een metalen dienblad of standaard, en zorg ervoor dat u een lepel plaatst.

73. KOSMOPOLITAANSE COCKTAIL

ingrediënten

- wodka - 40 ml
- drievoudige sec - 20 ml
- limoensap - 20 ml vers
- cranberrysap - 20 ml
- ijs
- sinaasappelschil

Voorbereiding

1. Deze roze cocktail heeft een bittere smaak die elke dorst zal lessen.
2. Giet de wodka, triple sec likeur, vers limoensap en cranberrysap in een shaker. Klop alle vloeibare ingrediënten goed samen met het ijs tot ze afgekoeld zijn.
3. Giet in een goed gekoeld cocktailglas.
4. We versieren met de gedraaide korst en kunnen nu de afgewerkte Cosmopolitan-cocktail serveren.

5. Klassieke alcoholische cocktail voor een feestje.

74. VERFRISSENDE AARDBEIENSANGRIA

ingrediënten

- witte wijn - 1 fles, Chardonnay Perzik en mango,
- bessen - 800 g
- wilde aardbeienlikeur - 1/2 theelepel, ik gebruik zelfgemaakt
- bruine suiker - 1 theelepel, onvolledig
- koolzuurhoudend water - 500 ml.
- water - 1 l
- limoen - 2 st.
- rozenbloemen - 1 handvol (Rosa damascena)
- balsem - verse stengels
- witte vlierbes - 1 - 2 bloeiwijzen
- ijs - 7 blokjes

Voorbereiding

1. Doe 1/3 van de aardbeien in de pan - schoongemaakt en in blokjes gesneden.

2. Meng ze met bruine suiker en water.

3. Snijd de rest van het fruit doormidden en doe het in een kom.

4. We werken op een gemiddelde temperatuur en roeren tot de suiker smelt en het fruit kookt.

5. Haal van het vuur en zeef de siroop door een zeef.

6. Het overgebleven fruit kun je toevoegen aan aardbeiencrème, mousse of mixen met mascarpone en room als dessert.

7. Giet de wijn in een hoge kom, voeg de aardbeienlikeur, de aardbeiensiroop, 1 limoensap en plakjes tweede citrusvrucht, roze en witte vlierbloesem en 2-3 takjes citroenmelisse toe.

8. Roer goed en zet in de koelkast, bij voorkeur 2-3 uur.

9. Voordat u de sangria serveert, giet u de vloeistof in een kan en voegt u de aardbeien,

limoenschijfjes, muntblaadjes en ijsblokjes toe.

10. Overdrijf ze niet, om de drank niet te verdunnen.

11. Serveer de aardbeiensangria koud en verkoel de passies op warme zomeravonden.

75. KLASSIEKE AARDBEIEN DAIQUIRI

ingrediënten

- rum - 40 ml wit
- limoen - 1 st. sap
- bessen - 6 st.
- suikersiroop - 1 eetl.
- ijs - 3 - 4 blokjes

Voorbereiding

1. Aardbeien worden gewassen en gepureerd.
2. De ijsblokjes worden gebroken en samen met de gepureerde aardbeien, het limoensap en de suikersiroop in een shaker gedaan.
3. Goed schudden tot een gladde massa en giet de verfrissende cocktail in een cocktailglas.
4. Aardbeiendaiquiri wordt gegarneerd met muntblaadjes en aardbeien.
5. Geniet van de beste zomermomenten met ons recept voor klassieke aardbeiendaiquiri!

76. BLOODY MARY-COCKTAIL

ingrediënten

- Worcestershiresaus - 5 ml
- tabascosaus - 5 ml
- wodka - 50 ml
- droge sherry - 5 ml
- tomatensap - 6 el.
- citroensap - 1/2 citroen
- zout - 1 snuifje
- hete rode peper - 1 snuifje

Voorbereiding

1. Deze klassieker werd in 1921 uitgevonden in de legendarische Harry's Bar in Parijs.
2. Doe de Worcestershiresaus en de tabascosaus in een shaker op een beetje gemalen hout en voeg dan de wodka toe.

3. Ook voegen we de droge sherry, het tomatensap en als laatste het citroensap toe. Schud krachtig tot het is afgekoeld.

4. Giet de tomatencocktail in een hoog cocktailglas, voeg een snufje selderijzout en een snufje hete peper toe.

5. Versier de alcoholische cocktail met een stengel bleekselderij en een schijfje citroen.

6. Wij kunnen nu genieten van deze klassieke Bloody Mary-cocktail.

77. AARDBEIEN COLADA COCKTAIL

ingrediënten

- rum - 30 ml
- likeur - van aardbeien 30 ml
- aardbeien - vers 6 st.
- zure room - 30 g
- citroensap - 20 ml

Voorbereiding

1. Doe de ingrediënten van de cocktail in een elektrische mixer en roer 5-6 seconden.
2. Giet in een cocktailglas en garneer met verse aardbei Colada

78. FRUITCOCKTAIL MET CHAMPAGNE

ingrediënten

- wodka - 25 ml
- puree - 20 ml aardbeien
- sap - 25 ml citroen
- sap - 10 ml frambozen
- sap - 10 ml zwarte bessen
- suikersiroop - 10 ml
- Champagne
- ijs
- aardbeien - voor decoratie
- citroenen - voor decoratie

Voorbereiding

1. Doe alle ingrediënten in een shaker en voeg dan ijs toe.
2. Schud het mengsel goed en giet het in een glas.

3. Voeg de gesneden aardbeien en citroen toe om de cocktail te versieren.

4. Proost op deze fruitchampagnecocktail!

79. NIET-ALCOHOLISCHE FRUITCOCKTAIL

ingrediënten

- sinaasappelsap - 50 ml
- sap - 50 ml van grapefruit
- citroensap - van ½ citroen
- ijs
- muntbladeren
- frambozen - voor decoratie

Voorbereiding

1. Leg op de bodem van het glas ijs en muntblaadjes.
2. Ze smeren lichtjes.
3. Meng de sappen in een shaker en schud goed.
4. Ze gieten op het ijs.
5. Het drankje wordt geserveerd met frambozen.

80. ECSTASY-COCKTAIL

ingrediënten

- gin - 50 ml
- Malibu - 30 ml
- likeur - 20 ml watermeloen
- sap - 100 ml ananas

Voorbereiding

1. De ingrediënten voor de cocktail worden goed gemengd en gemengd.
2. Giet in een cocktailglas.
3. Voeg een schijfje limoen en geschilde sinaasappel toe.
4. Optioneel wordt er crushed ijs toegevoegd en wordt er een Ecstasy-cocktail geserveerd.

81. LONGDRANK MET CHAMPAGNE

ingrediënten

- cognac - 20 ml
- canto - 20 ml
- Champagne
- dooiers - 1 st.
- nootmuskaat

Voorbereiding

1. De dooier wordt in een shaker geplaatst. Voeg cognac en Cointreau toe.

2. De inhoud wordt gebroken en in een diep glas gegoten, dat wordt overgoten met champagne.

3. Bestrooi de cocktail met vers geraspte nootmuskaat.

82. ALCOHOLISCHE COCKTAIL MET

DRUIVEN

ingrediënten

- wodka - 50 ml
- citroensap - 20 ml
- suikersiroop - 20 ml
- druiven - 5 granen, zwart
- munt - 5 bladeren
- ijs

Voorbereiding

1. De druiven en muntblaadjes worden geplet en gezeefd.
2. Voeg de overige ingrediënten toe en meng goed.
3. Serveer de cocktail in een hoog glas gevuld met gemalen ijs.

83. MELOEN MIRAGE

ingrediënten

- meloen - 100 g
- limoen - ½ nee.
- tequila - 100 g
- koolzuurhoudend water - 50 ml
- suiker - 1 eetl.

Voorbereiding

1. De meloen wordt in kleine blokjes gesneden en gepureerd.

2. Zeef en voeg tequila, frisdrank, suiker en geperste citroen toe.

3. Doe een grote hoeveelheid ijs en serveer in een cocktailglas. De beker kan versierd worden met suiker en fruit.

84. COCKTAIL MET BRAAMBESSEN EN COGNAC

ingrediënten

- bramen - 250 g
- ijs - 4 ballen
- verse melk - 500 ml
- cognac - 1 kop
- suiker - 2 theelepels.

Voorbereiding

1. Pureer de bramen, voeg ijs, koude melk, cognac en suiker toe.

2. Klop met een mixer en serveer onmiddellijk.

85. OUZO COCKTAIL EN KOMKOMSAP

ingrediënten

- ouzo - 1/3 deel
- komkommersap - 1/3 deel
- limonade - 1/3 deel
- ijsblokjes
- komkommers - 1/4 st.

Voorbereiding

1. Meng 1/3 deel ouzo, 1/3 deel komkommersap en 1/3 deel limonade, voeg ijsblokjes toe en garneer de kopjes met stukjes komkommer.

86. GRILLIGE COCKTAIL MET OUZO

ingrediënten

- ouzo - 1/3 deel
- gin - 1/3 deel
- sherry - 1/2 theelepel.
- limonade - 1/3 deel
- ijsblokjes

Voorbereiding

1. Meng 1/3 ouzo, gin en limonade met 1/2 theelepel. sherry en ijsblokjes en serveer.

87. COCKTAIL MET OUZO EN JENEVER

ingrediënten

- ouzo - 1/4 deel
- gin - 1/4 deel
- Campari - een paar druppels
- sinaasappelsap - 1/2 deel
- sinaasappelen - 1 st.
- ijsblokjes

Voorbereiding

1. Giet in cocktailglazen versierd met een dun schijfje sinaasappel, gemengd sinaasappelsap (1/2 deel), 1/4 deel ouzo en gin, een paar druppels Campari en ijsblokjes.

88. IJSCOCKTAIL

ingrediënten

- ijs - 50 g zure room
- ijs - 20 g ananas
- likeur - 40 ml laurierblad
- zure room - 50 ml
- whisky - 20 ml
- chocolade - 1 stuk
- kokosschaafsel
- ijs

Voorbereiding

1. Klop de likeur, whisky, room en sap in een ijsshaker.

2. De randen van de cocktailglazen worden bevochtigd en gesmolten in het kokosschaafsel om te plakken.

3. De drank wordt in glazen gegoten en er wordt een platte laag ijs op gelegd. Bestrooi met geraspte chocolade.

89. GROEN Fluister

ingrediënten

- wodka - 50 ml
- suikersiroop - 20 ml
- limoensap - 20 ml
- munt - 6 bladeren
- Champagne
- ijs

Voorbereiding

1. Muntblaadjes worden gemengd met suikersiroop en groen citroensap.
2. Het mengsel wordt geslagen met een schudapparaat en vervolgens gefilterd.
3. Giet het in een glas en voeg champagne toe.
4. De cocktail is versierd met muntblaadjes.

90. MELKACHTIGE FRUITCOCKTAIL

ingrediënten

- verse melk - 100 ml
- eieren - 1 st.
- gelei - 60 g aardbeien

Voorbereiding

1. Meng de melk, de gelei en het ei en meng met een mixer gedurende 1 minuut.
2. Serveer de afgewerkte alcoholvrije cocktail gekoeld op 12 - 15 graden.

91. KOMETCOCKTAIL

ingrediënten

- verse melk - 100 ml
- eieren - 1 st.
- zwarte thee - 40 ml sterke infusie, koud
- honing - 20 g

Voorbereiding

1. Klop de melk, het ei, de honing en de gezette zwarte thee een minuut lang met een mixer.
2. Koel de cocktail af tot 12-15 graden en serveer.

92. WODKA GIMLET

ingrediënten

- 4 cl wodka
- 2 cl limoensap
- 3 stuks ijsblokjes

voorbereiding

1. Schud wodka, limoensap en ijsblokjes en giet het gezeefde over verse ijsblokjes in een voorgekoelde cocktailkom.

2. Garneer met een partje limoen en serveer onmiddellijk.

93. APPEL MARTINI

ingrediënten

- 2 cl Galliano
- 2 cl Appellikeur, zure appel
- 4e cl Wodka, Absolut Citroen
- 1 cl Meloenlikeur
- **1 Schb Appel**

voorbereiding

1. Schud de ingrediënten meloenlikeur, wodka, appellikeur, Galliano met 3 ijsblokjes in een shaker goed en giet ze gezeefd in een voorgekoelde cocktailkom.
2. Garneer met een schijfje appel.

94. FRANSE PUNCH MET CHOCOLADE

ingrediënten

- cognac - 30 ml
- crème - 100 ml vloeistof
- verse melk - 150 ml
- kwarteleitjes - 5 st. dooiers
- honing - 4 theelepels.
- chocolade - 20 g natuurlijk
- koekjes - 1 st. zacht

Voorbereiding

1. Kwarteleitjes worden gemengd met honing en room. Voeg de melk en cognac toe.

2. Het mengsel wordt onder voortdurend roeren op laag vuur verwarmd, zonder te laten koken.

3. Eenmaal ingedikt, verdeel het in 2 vuurvaste kopjes.

4. De chocolade wordt in bulk geraspt, de koekjes worden geplet.

5. Elk drankje is versierd met geraspte chocolade en gemalen koekjes en wordt onmiddellijk geserveerd.

95. JAPANSE WITTE ROZENCOCKTAIL

ingrediënten

- gember - 1 snufje droog
- thee - 2 zakjes jasmijn
- honing - 2 theelepels.
- vanille - 1 st.
- sake - 200 ml
- roos - 4 st. witte bloemblaadjes

Voorbereiding

1. Kook 200 milliliter water en doe er jasmijnthee in. Verwijder na 4 minuten de honing en voeg deze toe.

2. Roer goed totdat de honing volledig is opgelost. Voeg de vanille en gember toe en roer het mengsel opnieuw om de kruiden op te lossen.

3. Voeg de sake toe en verwarm het mengsel zonder te koken. Het wordt onmiddellijk in

glazen geserveerd en in elk drankje worden 2 witte rozenblaadjes gedaan.

96. COCKTAIL MARSEPEIN FLIP

ingrediënten

- citroenen - 1 st.
- marsepein - 50 g van het afgewerkte mengsel
- cognac - 40 ml
- eieren - 2 st. dooiers vers
- appelsap - 200 ml
- verse melk - 50 ml
- hazelnoten - 20 g gemalen
- IJs - 4 blokjes

Voorbereiding

1. De citroen wordt doormidden gesneden, het sap wordt geperst. Smelt de randen van 2 glazen in het sap en smelt vervolgens de gemalen hazelnoten erin, zodat een mooie versiering aan de randen ontstaat.

2. Doe het marsepeinmengsel in een blender, voeg het citroensap en de cognac toe.

3. Het breekt binnen 15 seconden. Voeg de dooiers en koude melk toe. Het breekt nog eens 10 seconden. Doe 2 ijsblokjes in elk glas en bedek met het mengsel.

4. Voeg appelsap toe en serveer onmiddellijk.

97. FRANSE EIERPUNCH

ingrediënten

- eieren - 8 st. dooiers
- citroenen - 1 st.
- suiker - 1 theelepel.
- zwarte thee - 1 liter gebrouwen
- vanille - 1 st.
- cognac - 50 ml

Voorbereiding

1. De citroen wordt gewassen en in cirkels gesneden zonder te schillen. Voeg toe aan de zwarte thee, roer, voeg de vanille toe en laat 5 minuten sudderen. Zeef en laat 30 minuten onder deksel staan.

2. Klop de dooiers met de suiker wit, voeg de thee toe en kook, onder voortdurend roeren, een romige dunne massa.

3. Haal van het vuur en roer gedurende 10 minuten om sneller af te koelen. Voeg de

cognac toe, verdeel het mengsel in kopjes en serveer warm.

98. ALCOHOL-COCKTAIL CHOCOLADE EN MELK

ingrediënten

- verse melk - 300 ml
- chocolade - 50 g natuurlijk
- chocolade - 50 g melk
- wodka - 40 ml
- bruine suiker - 2 el.
- ijs - 1 handvol gebroken

Voorbereiding

1. Natuur- en melkchocolade worden geraspt. Verwarm de melk op laag vuur en voeg de geraspte chocolade toe.

2. Verwarm onder voortdurend roeren tot het volledig gesmolten is. Voeg de bruine suiker toe, meng goed. Voeg de wodka toe en haal van het vuur. Goed mengen.

3. Verdeel het ijs over 4 kopjes, giet het chocolademengsel erover en serveer onmiddellijk.

99. IJSCITRUS PUNCH MET CHAMPAGNE

ingrediënten

- sinaasappels - 8 st.
- citroenen - 8 st.
- champagne - 750 ml

Voorbereiding

1. Het vruchtensap wordt geperst, in een grote kom gegoten en in de vriezer bewaard, waarbij elke 20 minuten wordt geroerd.

2. Wanneer het mengsel in een ijsje verandert, voeg je de champagne toe en laat je het nog eens 30 minuten in de vriezer staan.

3. Serveer rechtstreeks uit de kom, elk met een lepel in grote glazen geplaatst.

100. VEGAN NON-ALCOHOLISCHE COCKTAIL MET BEVROREN BOSBESSEN

ingrediënten

- water - 400 ml
- bosbessen - 200 g bevroren
- sojamelk - 200 ml
- Honing - 4 theelepels

Voorbereiding

1. Het water wordt gemengd met sojamelk. Roer en voeg de honing toe. Roer het mengsel voorzichtig totdat de honing volledig is opgelost.

2. Giet de bevroren bosbessen bij dit mengsel en pureer of maal alles in een blender tot het schuimt.

3. Serveer in voorgekoelde glazen.

www.ingramcontent.com/pod-product-compliance
Lightning Source LLC
Chambersburg PA
CBHW070350120526
44590CB00014B/1077